Tabla de contenido

EL CAMBIO

Presentación del Libro

El libro que transformará millones de vidas

Todo Cambia en el mundo. Pero los cambios que provienen de la buena voluntad del hombre, son procesos que podemos y debemos administrar por medio de un Proyecto Planificado paso a paso, Estructurado de acuerdo a nuestros Objetivos y Propositos y Realizado con Trabajo, Esfuerzo y Disciplina. Como una planta, para crecer, necesita cuidados, Sol, agua, abonos y una buena tierra, así nosotros, cuando queremos crecer, no podemos olvidar que esta evolución, implica la transformación de Cuerpo, Mente y Espíritu.

El Cuerpo se fortalece con una sana alimentación, el ejercicio y el trabajo, La mente se alimenta de la palabra, por medio de buenos contenidos en Libros, conversaciones, audios, programas y peliculas. Y el Espíritu se recrea con una consciencia tranquila, la oración, el descanso reparador, el amor, el buen obrar, el contacto estrecho con los seres queridos, con nuestros amigos y colaboradores, con la naturaleza y sobre todo con Dios. Así, complementando estos tres aspectos del ser, lograremos un desarrollo armonioso y personas educadas con mucho que aportarle a la Sociedad.

Índice

1. La Reflexión

Tómate el tiempo para pensar en qué área de tu vida quieres hacer un cambio y por qué.

2. Define tus metas

Establece metas claras y específicas que te ayuden a visualizar el resultado que deseas.

3. Planificación

Diseña un plan detallado con pasos concretos para alcanzar tus metas.

4. Rompe las metas en tareas más pequeñas

Divide tus metas en pasos más manejables y alcanzables.

5. Investiga y aprende

Investiga sobre el cambio que deseas hacer y adquiere el conocimiento necesario.

6. Encuentra apoyo

Busca amigos, familiares o un mentor que te pueda apoyar y motivar.

7. Elimina obstáculos

Identifica las barreras que puedan impedir tu progreso y encuentra formas de superarlas.

8. Mantén un registro

Lleva un registro de tu progreso para mantener la motivación y hacer ajustes si es necesario.

9. Practica la persistencia

Los cambios pueden ser difíciles, pero perseverar es fundamental.

10. Celebra tus logros

Reconoce tus éxitos, por pequeños que sean, y date recompensas para mantenerte motivado.

11. El enfoque de la Neurolinguistica

La neurolingüística explica la relación entre el lenguaje, el pensamiento y el comportamiento humano. Estudia los principios de la neurolingüística, como otra forma de lograr el cambio y el crecimiento personal.

12. La Ética Profesional como Principio Fundamental

La ética profesional, la honestidad y el respeto hacia los demás son principios fundamentales que desempeñan un papel crítico en el desarrollo de nuestros proyectos de vida y en el logro de nuestras metas

Epílogo:

Hacia Un Verdadero Cambio

La Introspección

El Proyecto de Vida

La Decisión

Un Verdadero Cambio

Agradecimientos

Sobre el Autor

Objetivos y Beneficios de Cambiar y Alcanzar Metas

Los objetivos y el proceso de cambiar y alcanzar metas desempeñan un papel crucial en la vida de las personas. Establecer metas y trabajar hacia ellas conlleva una serie de beneficios significativos tanto a nivel personal como profesional. Aquí, exploraremos tanto los objetivos como sus beneficios:

Objetivos:

1. **Dirección y Propósito:**
   Los objetivos proporcionan dirección y un sentido de propósito en la vida. Ayudan a las personas a saber hacia dónde se dirigen y por qué están trabajando.

2. **Motivación:**
   Establecer metas puede ser una fuente poderosa de motivación. Cuando tienes un objetivo claro, te sientes más impulsado a trabajar hacia él.

3. **Enfoque:**
   Los objetivos te ayudan a concentrar tus esfuerzos y recursos en actividades específicas que te acercarán a tus metas. Esto evita la dispersión y la pérdida de tiempo en actividades no productivas.

4. **Medición del Progreso:**
   Los objetivos proporcionan un estándar para medir tu progreso. Te permiten evaluar si estás avanzando hacia tus metas o si es necesario ajustar tu enfoque.

5. **Logro Personal:**
   Alcanzar objetivos genera un sentimiento de logro personal. Cada vez que alcanzas una meta, refuerzas tu autoestima y confianza en ti mismo.

Beneficios de Cambiar y Alcanzar Metas:

1. **Crecimiento Personal:**
   El proceso de trabajar hacia tus metas te desafía y te hace crecer. Aprendes nuevas habilidades, adquieres conocimiento y desarrollas una mentalidad más fuerte.

2. **Resiliencia:**
   Superar obstáculos y enfrentar desafíos en el camino hacia tus metas te hace más resiliente. Aprendes a recuperarte de los contratiempos y a seguir adelante.

3. **Satisfacción:**
   Alcanzar metas, ya sean pequeñas o grandes, genera una sensación de satisfacción y cumplimiento. Te hace sentir que tu esfuerzo valió la pena.

4. **Mejora de la Calidad de Vida:**
   Algunos objetivos están relacionados con la mejora de la calidad de vida. Pueden incluir metas de salud, bienestar financiero o relaciones personales más sólidas.

5. **Éxito Profesional:**
   En el ámbito profesional, establecer y alcanzar metas puede conducir al éxito en la carrera. Esto puede traducirse en ascensos, reconocimiento y satisfacción laboral.

6. **Relaciones Personales:**

   Cambiar y alcanzar metas puede fortalecer las relaciones personales. Al trabajar en objetivos compartidos, como mejorar la comunicación en una relación, se fortalecen los lazos.

7. **Conexión con los Demás:**

   Compartir tus objetivos con amigos, familiares o colegas puede crear una conexión más profunda. Pueden ofrecer apoyo, consejos y aliento en tu viaje.

8. **Sentido de Logro:**

   Cada objetivo alcanzado crea un sentido de logro que impulsa a las personas a establecer metas aún más ambiciosas. Esto promueve un ciclo positivo de crecimiento y éxito.

9. **Autodisciplina:**

   Trabajar hacia metas requiere autodisciplina y autocontrol. Estas habilidades son valiosas en todas las áreas de la vida.

10. **Felicidad y Bienestar:**

    El proceso de cambio y logro de metas contribuye a la felicidad y al bienestar general. Las personas que sienten que están progresando hacia sus metas tienden a sentirse más satisfechas con sus vidas.

En resumen, establecer objetivos y trabajar hacia ellos es una parte fundamental de la vida. Los objetivos proporcionan dirección, motivación y enfoque, mientras que el proceso de cambiar y alcanzar metas ofrece una serie de beneficios que incluyen el crecimiento personal, la satisfacción y el éxito en diversas áreas de la vida. Establecer metas y perseguirlas es una forma efectiva de construir una vida significativa y satisfactoria.

Capítulo 1

La Reflexión

Tómate el tiempo para pensar en qué área de tu vida quieres hacer un cambio y por qué.

El proceso de cambio en la vida comienza con la reflexión, una fase crucial que nos permite explorar nuestras motivaciones, deseos y metas. La reflexión es el punto de partida en la búsqueda de un cambio significativo y puede abordarse en varios niveles: desde la autoevaluación personal hasta la contemplación de objetivos más amplios en la vida.

Personalmente te quiero recomendar que vayas escribiendo en un cuaderno o digitalmente, todo tu proceso. Describiendo y detallando los puntos que consideres importantes, los cuales te servirán como pautas y fuertes pilares en tu proceso.

1.1. Autoevaluación Personal

En el corazón de la reflexión para el cambio está la autoevaluación. Este proceso implica mirar hacia adentro y examinar quiénes somos, nuestras fortalezas y debilidades, nuestras creencias y valores, y cómo nos percibimos a nosotros mismos en relación con el mundo que nos rodea. La autoevaluación puede abordar áreas como la salud física, las relaciones personales, la carrera, las emociones y la espiritualidad.

1.2. Identificación de la Necesidad de Cambio

La reflexión efectiva implica reconocer la necesidad de cambio en una o varias áreas de nuestra vida. Esta necesidad puede manifestarse a través de señales como la insatisfacción, la rutina, el estrés constante o la sensación de estancamiento. Identificar estas señales es un paso crucial para comenzar el proceso de cambio.

1.3. Definición de Metas y Objetivos

Una vez que hemos identificado la necesidad de cambio, es importante definir metas y objetivos claros. Estas metas deben ser específicas, medibles, alcanzables, relevantes y con un plazo determinado (conocidas como metas SMART). Al establecer metas, creamos un mapa que nos guiará hacia la transformación deseada.

1.4. Reflexión sobre Valores y Prioridades

La reflexión también nos lleva a cuestionar nuestros valores y prioridades. ¿Qué es verdaderamente importante para nosotros en la vida? ¿Qué estamos dispuestos a sacrificar o cambiar para lograr nuestros objetivos? Esta autoexploración es esencial para alinear nuestros esfuerzos con lo que realmente valoramos.

1.5. Análisis de Fortalezas y Debilidades

Otro aspecto fundamental de la reflexión es analizar nuestras fortalezas y debilidades. Conocer nuestras fortalezas nos permite utilizarlas como recursos en nuestro proceso de cambio, mientras que el reconocimiento de nuestras debilidades nos ayuda a identificar áreas que pueden necesitar mejoras o apoyo externo. En este punto sería de mucha ayuda utilizar una matriz dofa para enfocar con claridad nuestras fortalezas y debilidades. Más abajo, al final de este capítulo, presentaremos un ejemplo.

1.6. Evaluación de Recursos y Limitaciones

En la reflexión para el cambio, es importante considerar los recursos disponibles y las limitaciones que puedan surgir. Los recursos pueden incluir tiempo, dinero, apoyo social y conocimientos. Identificar las limitaciones nos ayuda a planificar estratégicamente cómo superar obstáculos en el camino hacia el cambio.

1.7. Visualización del Éxito

Una parte poderosa de la reflexión es la visualización del éxito. Imaginar cómo se vería y se sentiría una vida transformada nos motiva y nos ayuda a mantener el enfoque en nuestros objetivos. La visualización también puede ayudarnos a superar el miedo al cambio al mostrar el resultado positivo.

1.8. Establecimiento de Compromiso Personal

La reflexión finaliza con el establecimiento de un compromiso personal hacia el cambio. Este compromiso implica un compromiso genuino y una determinación de hacer los esfuerzos necesarios para alcanzar las metas definidas. Sin este compromiso, el cambio puede resultar efímero.

1.9. Registro y Seguimiento

Una vez que hemos reflexionado y establecido nuestros objetivos, es útil llevar un registro de nuestro progreso. Mantener un diario o utilizar aplicaciones de seguimiento puede proporcionar una visión objetiva de cómo estamos avanzando hacia el cambio deseado. Esto también nos permite hacer ajustes en el camino si es necesario.

1.10. Apoyo Externo

Finalmente, reconocer la importancia del apoyo externo es crucial. A menudo, compartir nuestras metas con amigos, familiares o un mentor puede proporcionar el aliento necesario y brindar responsabilidad. El apoyo emocional y práctico puede ser fundamental en momentos de desafío.

1.11. El Aspecto Espiritual

El aspecto espiritual, cuando se aborda desde la perspectiva de la bondad, coherencia, unión con otros, ayuda a otros, sinceridad, compromiso, trabajo, comprensión y relación con el ser humano, juega un papel central en el proceso de lograr un verdadero cambio y transformación en la vida de una persona. A continuación, se explorarán estos aspectos clave en el contexto de la espiritualidad:

1. Bondad y Comprensión:

El aspecto espiritual de la bondad y comprensión es esencial en el proceso de lograr un verdadero cambio personal. Implica no solo actuar con amabilidad hacia uno mismo y hacia los demás, sino también buscar una comprensión profunda de las experiencias y desafíos de las personas. Esta combinación de bondad y comprensión crea un ambiente enriquecedor para el cambio. Veamos cómo estos dos elementos interactúan:

Bondad: La bondad implica actuar de manera amable y compasiva hacia uno mismo y hacia los demás. Al practicar la bondad, creamos un ambiente de apoyo emocional en el que nos sentimos seguros y aceptados. Esta aceptación y amor hacia nosotros mismos nos permite abordar los cambios desde un lugar de autoestima y autoaceptación, en lugar de crítica y autocrítica.

Comprensión: La comprensión va más allá de la empatía y se trata de esforzarse por entender las experiencias y perspectivas de los demás. En el contexto del cambio personal, esto significa buscar comprender las razones detrás de nuestras acciones y las razones detrás de las acciones de los demás. La comprensión nos permite abordar los desafíos y los obstáculos con paciencia y empatía, lo que facilita la resolución de conflictos internos y externos.

La combinación de bondad y comprensión crea un ambiente enriquecedor para el cambio personal. Nos permite relacionarnos de manera más positiva con nosotros mismos y con los demás, lo que a su vez fomenta la motivación, la autoaceptación y la resiliencia. Al ser amables y comprensivos con nosotros mismos durante el proceso de cambio, podemos abordar los desafíos con una actitud más positiva y constructiva, lo que aumenta nuestras posibilidades de lograr un cambio genuino y duradero en nuestras vidas.

2. Coherencia y Valores:

La espiritualidad a menudo está relacionada con un conjunto de valores profundos y éticos. Mantener la coherencia entre lo que creemos y cómo vivimos nuestras vidas es esencial para la integridad espiritual. Cuando vivimos de acuerdo con nuestros valores espirituales, sentimos una mayor satisfacción y alineación interna, lo que nos impulsa a tomar decisiones coherentes con nuestros objetivos de cambio.

3. Unión con Otros y Comunidad:

La espiritualidad a menudo promueve la idea de que todos estamos conectados y que nuestras acciones afectan a otros en la comunidad global. Esta percepción de unidad nos impulsa a buscar el bienestar colectivo y a encontrar apoyo en otros. La comunidad espiritual puede servir como un espacio de apoyo emocional, donde las personas se reúnen para ayudarse mutuamente en su búsqueda de cambio y crecimiento.

4. Ayuda a Otros y Servicio Desinteresado:

El servicio desinteresado es un componente esencial de muchas tradiciones espirituales. Ayudar a otros y contribuir al bienestar de los demás no solo es gratificante, sino que también puede ser un motor de cambio personal. El acto de ayudar a otros a alcanzar sus metas y superar desafíos puede inspirarnos a hacer lo mismo en nuestras propias vidas.

5. Sinceridad y Autenticidad:

La espiritualidad a menudo enfatiza la sinceridad y la autenticidad en nuestras relaciones y acciones. Ser honestos y auténticos con nosotros mismos y con los demás es esencial para el cambio personal genuino. La autoevaluación sincera nos permite identificar áreas de mejora y crecimiento, mientras que la autenticidad en nuestras relaciones nos ayuda a construir conexiones significativas.

6. Trabajo y Empatía:

El aspecto espiritual que combina el trabajo y la empatía desempeña un papel esencial en el proceso de lograr un verdadero cambio personal. Implica la acción diligente y el esfuerzo constante, junto con la capacidad de conectarse y comprender las experiencias y perspectivas de los demás. Veamos cómo estos dos elementos interactúan:

Trabajo: El trabajo representa el esfuerzo dedicado y constante que invertimos en la búsqueda de nuestros objetivos y en la realización del cambio. Implica compromiso, determinación y perseverancia. Al comprometernos plenamente con nuestros objetivos de cambio, estamos demostrando nuestra voluntad de trabajar arduamente para alcanzarlos.

Empatía: La empatía es la capacidad de comprender y compartir los sentimientos y las perspectivas de los demás. En el contexto del cambio personal, la empatía nos permite conectarnos con las personas que nos rodean de manera profunda y auténtica. Esto es fundamental para construir relaciones sólidas y para abordar los desafíos y los conflictos con comprensión y compasión.

La combinación de trabajo y empatía crea una dinámica poderosa. El trabajo nos impulsa a tomar medidas concretas hacia nuestras metas, mientras que la empatía nos permite comprender las necesidades y las perspectivas de los demás. Esta combinación nos ayuda a construir relaciones más sólidas y a abordar los desafíos de manera colaborativa. Al trabajar con empatía, no solo avanzamos hacia nuestros objetivos personales, sino que también contribuimos al bienestar de los demás, lo que enriquece nuestro viaje de cambio y crecimiento personal.

7. Relación con el Ser Humano y la Naturaleza:

La espiritualidad a menudo incluye una apreciación profunda de la humanidad y de la naturaleza en su conjunto. Esto puede inspirarnos a cuidar no solo de nosotros mismos, sino también del entorno y de los demás seres vivos. Esta conexión con la naturaleza y la humanidad puede aumentar nuestra motivación para tomar medidas en beneficio de un mundo mejor y un cambio personal significativo.

En resumen, el aspecto espiritual, cuando se basa en la bondad, la coherencia, la unión con otros, la ayuda a otros, la sinceridad, el compromiso, el trabajo, la comprensión y la relación con el ser humano, proporciona una base sólida para el cambio personal y la transformación. La espiritualidad no solo nos conecta con nuestros valores más profundos, sino que también nos motiva a ser mejores seres humanos, a cuidar de otros y del mundo que nos rodea, y a vivir una vida más auténtica y significativa. Estos valores espirituales pueden actuar como un faro en nuestro viaje de cambio y crecimiento personal.

En resumen, el capítulo 1 de reflexión para el cambio es el punto de partida en el viaje hacia una vida transformada. Implica explorar quiénes somos, identificar áreas de mejora, definir metas claras, alinear nuestros valores y recursos, visualizar el éxito y comprometernos con el proceso de cambio. La reflexión es el cimiento sobre el cual construimos nuestro camino hacia una vida más plena y significativa.

La Matriz DOFA como herramienta

*Una matriz **DOFA** (también conocida como FODA o SWOT en inglés) es una herramienta de análisis que se utiliza para identificar y evaluar las **Fortalezas** (Strengths), **Debilidades** (Weaknesses), **Oportunidades** (Opportunities) y **Amenazas** (Threats) en un contexto particular, ya sea en una empresa, un proyecto o incluso en la vida personal. Aquí te presento un ejemplo de una matriz DOFA:*

Contexto: Una Pequeña Empresa de Café Local

Fortalezas *(Strengths):*

Ubicación Estratégica: La cafetería se encuentra en una ubicación céntrica y de mucho tráfico, lo que atrae a una clientela diversa.

Café de Alta Calidad: La empresa se enorgullece de ofrecer café de alta calidad, que ha sido elogiado por los clientes.

Personal Amable y Experimentado: Los empleados son amigables y tienen experiencia en la preparación de café y atención al cliente.

Lealtad de Clientes Frecuentes: La cafetería tiene una base sólida de clientes frecuentes que visitan el local a diario.

Debilidades *(Weaknesses):*

Espacio Limitado: El espacio es pequeño y no puede acomodar a un gran número de clientes a la vez.

Competencia en Precios: La competencia local ha reducido los precios, lo que afecta los márgenes de ganancia.

Falta de Diversificación del Menú: El menú se ha mantenido relativamente estático, lo que limita las opciones para atraer a nuevos clientes.

Dependencia de Temporada: La demanda disminuye en la temporada baja debido a la ubicación turística.

Oportunidades *(Opportunities):*

Expansión del Espacio: Considerar una posible expansión del local para aumentar la capacidad y atraer a más clientes.

Nuevos Productos o Menú: Introducir nuevos productos o opciones en el menú, como meriendas saludables o bebidas especiales.

Programas de Fidelización: Implementar programas de fidelización para premiar a los clientes frecuentes y atraer a nuevos.

Campañas de Marketing Local: Realizar campañas de marketing local para atraer a turistas y residentes durante la temporada baja.

Amenazas *(Threats):*

Competencia Feroz: La competencia local es intensa y algunas cafeterías ofrecen precios más bajos.

Crisis Económica: Una recesión económica podría afectar la disposición de los clientes para gastar en productos de lujo como el café gourmet.

Cambios en las Preferencias del Consumidor: Cambios en las preferencias de los consumidores hacia bebidas más saludables o alternativas al café podrían afectar las ventas.

Problemas de Suministro: Problemas en la cadena de suministro de café de calidad podrían impactar la oferta.

Esta matriz DOFA ofrece una visión general de la situación de la cafetería. Las fortalezas y debilidades son factores internos que la empresa puede controlar, mientras que las oportunidades y amenazas son factores externos que la empresa debe tener en cuenta al tomar decisiones estratégicas. Con esta información, la empresa puede desarrollar estrategias para capitalizar sus fortalezas, abordar sus debilidades, aprovechar las oportunidades y mitigar las amenazas, lo que podría ayudar a mejorar su desempeño y competitividad en el mercado.

Capítulo 2

Define tus Metas

El segundo paso crucial en el proceso de cambio es la definición de metas. Este capítulo se adentra en la importancia de establecer metas claras y cómo hacerlo de manera efectiva para impulsar el progreso y la transformación personal.

2.1. ¿Por qué Definir Metas?

La definición de metas es fundamental porque proporciona dirección y propósito a nuestras acciones. Cuando tenemos metas claras, sabemos hacia dónde nos dirigimos y qué es lo que estamos tratando de lograr. Las metas actúan como un faro que guía nuestro camino a través de los desafíos y obstáculos que pueden surgir durante el proceso de cambio.

2.2. Características de Metas Efectivas

Para definir metas efectivas, es útil seguir el acrónimo SMART:

- **Específicas**: Las metas deben ser concretas y precisas. En lugar de una meta vaga como "ser más saludable", una meta específica sería "perder 5 kilogramos en 3 meses mediante ejercicio y una alimentación balanceada".

- **Medibles**: Deben poder medirse para evaluar el progreso. Esto implica cuantificar de alguna manera lo que estás tratando de lograr. En el ejemplo anterior, la medida sería la pérdida de peso.

- **Alcanzables**: Las metas deben ser realistas y alcanzables. Esto no significa que debas establecer metas fáciles, pero sí que sean posibles con esfuerzo y compromiso. Perder 50 kilogramos en 3 meses no sería realista ni saludable.

- **Relevantes**: Las metas deben ser relevantes para tus valores y prioridades en la vida. Deben tener un significado personal y estar alineadas con lo que deseas lograr.

- **Con Tiempo Determinado**: Debes establecer un plazo para alcanzar tus metas. Esto crea un sentido de urgencia y te ayuda a mantenerte enfocado en el tiempo.

2.3. Tipos de Metas

Las metas pueden dividirse en varios tipos, dependiendo de la naturaleza del cambio que deseas realizar:

- **Metas a Corto Plazo**: Son metas que se pueden lograr en un período relativamente corto, generalmente dentro de los próximos 3 a 6 meses. Ejemplos incluyen aprender una nueva habilidad o completar un proyecto específico.

- **Metas a Mediano Plazo**: Estas metas suelen abarcar de 6 meses a 2 años. Pueden incluir avances significativos en tu carrera, como obtener una certificación, o alcanzar ciertos logros financieros.

- **Metas a Largo Plazo**: Estas son metas que pueden tomar más de 2 años en lograrse. Ejemplos pueden ser alcanzar un nivel ejecutivo en tu empresa, comprar una casa, o alcanzar un estado óptimo de salud y bienestar.

- **Metas Personales**: Estas metas están relacionadas con tu crecimiento personal y bienestar emocional, como mejorar tus relaciones interpersonales, aumentar la confianza en ti mismo o reducir el estrés.

- **Metas Profesionales**: Estas metas están relacionadas con tu carrera y desarrollo en el ámbito laboral, como alcanzar un cargo específico, aumentar tus ingresos o iniciar tu propio negocio.

- **Metas Financieras**: Se refieren a objetivos relacionados con el manejo de tus finanzas, como ahorrar para la jubilación, pagar deudas o invertir en bienes raíces.

2.4. El Proceso de Definición de Metas

El proceso de definir metas es altamente personal y puede variar de una persona a otra, pero generalmente sigue estos pasos:

a. **Identificación de Áreas Clave**: Comienza por identificar las áreas de tu vida en las que deseas hacer cambios significativos. Esto puede incluir tu carrera, salud, relaciones, desarrollo personal, entre otros.

b. **Reflexión y Autoevaluación**: Reflexiona sobre lo que realmente deseas lograr en cada una de estas áreas. Considera tus valores, intereses y lo que te motiva.

c. **Priorización de Metas**: Clasifica tus metas en orden de importancia. Esto te ayudará a enfocarte en las metas que consideras más cruciales en este momento.

d. **Aplicación del Enfoque ESMART**: Para cada meta seleccionada, aplica el enfoque ESMART para definirla de manera **ES**pecífica, **M**edible, **A**lcanzable, **R**elevante y con un **T**iempo determinado.

e. **Creación de un Plan de Acción**: Una vez que tengas tus metas definidas, crea un plan de acción detallado que incluya los pasos necesarios para lograr cada una de ellas.

f. **Seguimiento y Evaluación**: Regularmente revisa tu progreso hacia tus metas. Ajusta tu plan de acción si es necesario y celebra los logros alcanzados en el camino.

Mapa de Sueños gráfico

Un Ejercicio que te ayudará a esta altura de tu proceso, para recordar y mantenerte motivado hacia tus metas, es hacer un mapa de sueños.

Un mapa de sueños, también conocido como "vision board" o "tablero de visión", es una herramienta visual que te ayuda a representar tus metas, deseos y sueños de una manera inspiradora y motivadora. Utiliza frases, fotos y figuras para crear una representación gráfica de lo que deseas lograr en tu vida. Aquí te explico cómo elaborar un buen mapa de sueños paso a paso:

Paso 1: Reflexiona sobre tus Metas y Sueños

Antes de comenzar a crear tu mapa de sueños, es importante que dediques tiempo a reflexionar sobre tus metas y sueños. Haz una lista de las cosas que deseas lograr en diferentes áreas de tu vida, como carrera, salud, relaciones, viajes, etc. Esto te ayudará a tener una comprensión clara de lo que quieres representar en tu mapa.

Paso 2: Reúne Materiales

Para crear un mapa de sueños, necesitarás los siguientes materiales:

Cartulina grande o un tablero (puede ser de corcho o madera).

Revistas, periódicos y catálogos con imágenes que te gusten.

Tijeras.

Pegamento o cinta adhesiva.

Marcadores o lápices de colores.

Frases inspiradoras impresas o escritas a mano.

Fotos tuyas o de las personas que te inspiren.

Paso 3: Encuentra Imágenes y Frases Inspiradoras

Busca imágenes, fotos y frases que representen tus metas y sueños. Puedes encontrar estas imágenes en revistas, en línea o incluso crearlas tú mismo si eres hábil en diseño gráfico. Asegúrate de que las imágenes sean visualmente atractivas y evocativas de tus objetivos.

Paso 4: Organiza y Diseña tu Mapa de Sueños

Comienza organizando las imágenes y frases que has recolectado. Piensa en la disposición de los elementos en tu mapa. Puedes optar por una disposición estructurada o más libre, según tu preferencia. Aquí hay algunos consejos para el diseño:

Coloca las imágenes y frases en un orden lógico o temático.

Asegúrate de que el mapa sea visualmente equilibrado y atractivo.

Deja espacio en blanco para que tu mapa no se vea abrumado.

Paso 5: Pega las Imágenes y Frases

Usa pegamento o cinta adhesiva para pegar las imágenes y frases en tu cartulina o tablero. Asegúrate de que estén bien asegurados. A medida que trabajas en esto, mantén en mente la emoción y la inspiración que deseas sentir cuando mires tu mapa.

Paso 6: Personaliza tu Mapa de Sueños

Añade elementos personales que te conecten con tus metas. Esto podría incluir fotos tuyas, de tu familia o de lugares que desees visitar. Cuanto más personalices tu mapa, más significativo será.

Paso 7: Agrega Color y Detalles

Utiliza marcadores, lápices de colores o cualquier otro medio que desees para resaltar, agregar detalles y hacer que tu mapa sea aún más atractivo. Puedes dibujar flechas, adornos o cualquier cosa que te ayude a expresar tus metas y sueños de manera más efectiva.

Paso 8: Coloca tu Mapa en un Lugar Visible

Una vez que hayas terminado de crear tu mapa de sueños, colócalo en un lugar visible en tu hogar o espacio de trabajo. Esto te recordará constantemente tus metas y te inspirará a trabajar hacia ellas.

Paso 9: Reflexiona y Actúa

No se trata solo de crear el mapa, sino de utilizarlo como una herramienta para alcanzar tus metas. Dedica tiempo a reflexionar sobre las metas representadas en tu mapa y toma medidas concretas para avanzar hacia ellas. Utiliza tu mapa como una fuente de inspiración y motivación diaria.

Paso 10: Actualiza tu Mapa de Sueños

A medida que logres metas o tus deseos y sueños evolucionen, no dudes en actualizar tu mapa de sueños. Agrega nuevas imágenes y frases que reflejen tus objetivos en constante cambio.

El proceso de crear y utilizar un mapa de sueños puede ser una experiencia poderosa para visualizar y alcanzar tus metas. Te recordará constantemente lo que deseas lograr y te ayudará a mantener el enfoque y la motivación en el camino hacia tus sueños.

2.5. Mantenimiento de la Motivación

Definir metas es un paso emocionante, pero a medida que avanzas hacia su consecución, es posible que enfrentes desafíos y momentos de duda. Para mantener la motivación, es útil recordar constantemente por qué estableciste estas metas en primer lugar. Visualiza los beneficios que obtendrás al alcanzarlas y mantén un recordatorio visible de tus metas para seguir enfocado.

2.6. Flexibilidad y Adaptación

Si bien es importante tener metas definidas, también es esencial ser flexible y estar dispuesto a adaptarse a las circunstancias cambiantes. A veces, el camino hacia una meta puede requerir ajustes, y eso está bien. Lo más importante es que sigas avanzando hacia la transformación que deseas lograr.

2.7. Conclusión

En resumen, el capítulo 2 se centra en la definición de metas como un paso esencial en el proceso de cambio personal. Al establecer metas claras y alineadas con tus valores y prioridades, estás creando un mapa que te guiará hacia una vida más significativa y satisfactoria. La definición de metas efectivas, el seguimiento constante y la adaptabilidad son elementos clave para alcanzar el éxito en la consecución de tus objetivos de cambio.

Capítulo 3

Planificación

El tercer paso fundamental en el proceso de cambio es la planificación. La planificación es esencial porque convierte tus metas en acciones tangibles y te ayuda a establecer un camino claro para alcanzar tus objetivos. Este capítulo se enfocará en la importancia de la planificación, los elementos clave de un plan efectivo y cómo aplicarlos en tu vida.

3.1. La Importancia de la Planificación

La planificación es la brújula que te guía a través de tu viaje de cambio. Sin un plan sólido, tus metas pueden quedarse en meros deseos. Aquí hay algunas razones clave por las que la planificación es crucial:

Claridad y Enfoque: Un plan proporciona una visión clara de lo que necesitas hacer para alcanzar tus metas. Te ayuda a mantener el enfoque en las acciones específicas que te llevarán al éxito.

Eficiencia: La planificación te permite utilizar tus recursos, como tiempo y energía, de manera más eficiente. Puedes identificar las tareas prioritarias y evitar distracciones innecesarias.

Motivación Continua: Tener un plan te ayuda a mantenerte motivado. A medida que alcanzas hitos en tu plan, experimentas un sentido de logro que te impulsa a seguir adelante.

Superación de Obstáculos: Cuando enfrentas desafíos o obstáculos, un plan bien estructurado te proporciona una hoja de ruta para superarlos. Puedes adaptar tu plan para abordar problemas inesperados.

Medición de Progreso: Un plan incluye indicadores claros que te permiten medir tu progreso. Esto te ayuda a evaluar si estás avanzando hacia tus metas o si necesitas ajustar tu enfoque.

3.2. Elementos Clave de un Plan Efectivo

Un plan efectivo generalmente consta de varios elementos clave:

Objetivos Claros: Deben estar claramente definidos y alineados con tus metas. Cada objetivo debe ser específico, medible, alcanzable, relevante y con un plazo determinado (metas SMART).

Tareas y Acciones: Identifica las tareas y acciones específicas que debes realizar para alcanzar tus objetivos. Estas deben ser detalladas y organizadas en una secuencia lógica.

Plazos: Establece plazos realistas para cada tarea o acción. Los plazos te ayudan a mantener el impulso y a garantizar que estás progresando de manera constante.

Recursos Necesarios: Determina los recursos que necesitas para llevar a cabo tus acciones, como tiempo, dinero, herramientas o habilidades específicas.

Planificación de Contingencias: Anticípate a posibles obstáculos y desarrolla un plan de contingencia para abordarlos. Esto te permitirá adaptarte a situaciones imprevistas sin perder el rumbo.

Responsabilidades: Si estás trabajando con otros, asigna responsabilidades claras y comunica las expectativas. Esto evita malentendidos y garantiza que todos estén alineados con el plan.

Seguimiento y Evaluación: Establece puntos de control para revisar y evaluar tu progreso. Esto te permite hacer ajustes si es necesario y celebrar los logros alcanzados.

3.3. Proceso de Planificación

A continuación, se presenta un proceso paso a paso para crear un plan efectivo:

Paso 1: Clarifica tus Metas: Comienza con una comprensión clara de tus metas. Asegúrate de que estén bien definidas y alineadas con tus valores y prioridades.

Paso 2: Divide en Pasos: Descompón tus metas en tareas y acciones más pequeñas y manejables. Esto hace que el proceso sea menos abrumador y más alcanzable.

Paso 3: Establece Plazos: Asigna plazos realistas a cada tarea o acción. Esto te ayuda a crear un sentido de urgencia y a mantenerte enfocado.

Paso 4: Identifica Recursos: Determina los recursos necesarios para llevar a cabo tus acciones. Esto podría incluir tiempo, dinero, materiales o conocimientos adicionales.

Paso 5: Desarrolla un Plan de Contingencia: Anticípate a posibles obstáculos o desafíos y crea un plan de contingencia para abordarlos. Esto te permite estar preparado para enfrentar cualquier eventualidad.

Paso 6: Asigna Responsabilidades: Si estás trabajando en equipo, asigna responsabilidades claras a cada miembro y comunica las expectativas.

Paso 7: Establece Puntos de Control: Define puntos de control en tu plan para revisar y evaluar tu progreso. Esto te ayuda a mantener el rumbo y a identificar posibles desviaciones.

Paso 8: Ajusta y Adapta: A medida que avanzas, es probable que debas ajustar tu plan según sea necesario. Mantén la flexibilidad para adaptarte a situaciones cambiantes.

Paso 9: Sigue el Plan: Ejecuta tu plan de manera constante y comprométete a cumplir con tus tareas y plazos. Mantén un registro de tu progreso.

Paso 10: Celebra los Logros: No olvides celebrar los logros alcanzados en el camino. El reconocimiento de tus éxitos te motiva a continuar avanzando.

3.4. Herramientas de Planificación

Existen numerosas herramientas y técnicas disponibles para ayudarte en el proceso de planificación. Algunas de las más comunes incluyen:

Listas de Tareas: Utiliza aplicaciones o simplemente papel y lápiz para crear listas de tareas con tus acciones y plazos.

Calendarios: Usa calendarios digitales o físicos para programar tus tareas y plazos.

Diagramas de Gantt: Estos diagramas visuales te ayudan a ver la secuencia y duración de las tareas en tu plan.

Software de Gestión de Proyectos: Herramientas como Trello, Asana o Microsoft Project son útiles para planificar y dar seguimiento a proyectos complejos.

3.5. Conclusión

La planificación es un elemento esencial en la búsqueda de tus metas y sueños. Proporciona una hoja de ruta clara para alcanzar tus objetivos y te ayuda a mantenerte enfocado y organizado. A lo largo de este proceso, has identificado tus metas, establecido plazos, desglosado tareas y recursos necesarios, y creado un plan de acción sólido.

En conclusión, la planificación no solo te acerca a tus metas, sino que también te brinda la confianza y la claridad necesarias para enfrentar desafíos y superar obstáculos en tu camino. Es importante recordar que la planificación es un proceso dinámico; a medida que avanzas hacia tus metas, es posible que debas ajustar tu plan según sea necesario. La clave para el éxito radica en la adaptabilidad y la perseverancia.

Ahora que has completado la etapa de planificación, estás listo para pasar a la acción y comenzar a trabajar en la realización de tus metas. Mantén tu plan a la vista, mantente motivado y sigue avanzando hacia tus sueños con determinación y enfoque.

Capítulo 4

Divide las Metas en Tareas más Pequeñas

En el proceso de cambio y logro de metas, este capítulo se centra en un concepto fundamental: dividir las metas en tareas más pequeñas. (Divide y Venceras).

Esta estrategia, a menudo conocida como "descomposición de metas", es esencial para hacer que objetivos aparentemente grandes y abrumadores sean más alcanzables y manejables. A lo largo de este capítulo, exploraremos por qué dividir las metas es importante, cómo hacerlo efectivamente y cómo esta práctica puede ser aplicada en diversas áreas de la vida.

4.1. Importancia de Dividir las Metas

Dividir las metas en tareas más pequeñas es esencial por varias razones:

Elimina la Sensación de Abrumo: Las metas grandes pueden sentirse abrumadoras. Dividirlas en tareas más pequeñas hace que parezcan menos imponentes y más fáciles de abordar.

Mantiene la Motivación: Al dividir las metas, puedes experimentar logros más frecuentes. Esto te motiva al proporcionarte una sensación constante de progreso.

Facilita la Organización: Las tareas más pequeñas son más fáciles de organizar y planificar. Esto te permite mantener un control más preciso de tu progreso.

Aumenta la Claridad: Las tareas pequeñas suelen ser más específicas y claras. Esto evita confusiones y malentendidos sobre lo que se debe hacer.

4.2. Cómo Dividir las Metas de Manera Efectiva

Dividir las metas en tareas más pequeñas es una habilidad que se puede perfeccionar. Aquí hay un proceso paso a paso para hacerlo de manera efectiva:

Paso 1: Comprende tu Meta

Antes de empezar a dividir, asegúrate de tener una comprensión clara de tu meta principal. Debes saber exactamente lo que estás tratando de lograr.

Paso 2: Enumera las Tareas Requeridas

Haz una lista de todas las tareas que debes realizar para alcanzar tu meta. En esta etapa, no te preocupes por la organización o el orden; simplemente enumera todo lo que puedas pensar.

Paso 3: Organiza las Tareas en Secuencia Lógica

Una vez que tengas una lista completa de tareas, organízalas en un orden lógico. Esto significa que algunas tareas deben realizarse antes que otras. Clasificarlas en secuencia te ayuda a visualizar el flujo de trabajo necesario.

Paso 4: Divide las Tareas en Tareas más Pequeñas

Ahora, toma cada tarea en tu lista y divídela en tareas aún más pequeñas y manejables. Esta descomposición debe ser lo suficientemente detallada para que cada tarea sea clara y específica.

Paso 5: Establece Plazos para las Tareas Pequeñas

Asigna plazos realistas a cada una de las tareas más pequeñas. Esto te proporciona un marco de tiempo para completarlas y te ayuda a mantenerte enfocado.

Paso 6: Crea un Plan de Acción Detallado

Utiliza las tareas más pequeñas y sus plazos para crear un plan de acción detallado. Este plan debe incluir qué tareas realizarás en qué momentos.

4.3. Ejemplos de División de Metas

La división de metas es aplicable a una amplia variedad de objetivos. A continuación, se presentan ejemplos en diferentes áreas de la vida:

Salud y Bienestar:

Gran Meta: Perder 20 kilogramos.

Tareas Pequeñas: Investigar un plan de dieta, unirse a un gimnasio, comprar alimentos saludables, establecer un plan de ejercicios, hacer seguimiento de la ingesta calórica diaria, etc.

Carrera Profesional:

Gran Meta: Obtener un ascenso.

Tareas Pequeñas: Identificar las habilidades necesarias, inscribirse en cursos de capacitación, establecer metas a corto plazo, comunicarse con el supervisor sobre las expectativas, realizar proyectos destacados, etc.

Finanzas Personales:

Gran Meta: Ahorrar $10,000 en un año.

Tareas Pequeñas: Crear un presupuesto, identificar áreas de gasto reducible, automatizar transferencias de ahorro, invertir en un fondo de inversión, hacer un seguimiento mensual de los gastos, etc.

Relaciones Personales:

Gran Meta: Mejorar la comunicación en la relación de pareja.

Tareas Pequeñas: Establecer un tiempo diario para hablar, practicar la escucha activa, participar en terapia de pareja, planificar citas regulares, resolver conflictos de manera constructiva, etc.

Desarrollo Personal:

Gran Meta: Leer 20 libros en un año.

Tareas Pequeñas: Crear una lista de lectura, asignar tiempo diario para la lectura, llevar un registro de los libros leídos, unirse a un club de lectura, buscar recomendaciones, etc.

4.4. Herramientas de Apoyo

Existen herramientas y recursos que pueden ayudarte a llevar a cabo la división de metas y la planificación de tareas:

Aplicaciones de gestión de tareas: Herramientas como Todoist, Trello o Asana te permiten organizar y realizar un seguimiento de tus tareas y proyectos.

Calendarios digitales: Aplicaciones como Google Calendar o Microsoft Outlook te ayudan a programar tareas y establecer plazos.

Diagramas de flujo: Utilizar diagramas de flujo o mapas mentales puede ayudarte a visualizar la secuencia de tareas en proyectos más complejos.

Listas de verificación: Las listas de verificación simples son efectivas para mantener un registro de las tareas que debes completar.

4.5. Conclusión

Dividir las metas en tareas más pequeñas es un componente crucial del proceso de cambio y logro de metas. Esta estrategia te permite hacer frente a objetivos aparentemente abrumadores de manera efectiva y sistemática. Al comprender la importancia de dividir las metas, seguir un proceso estructurado para hacerlo y utilizar herramientas de apoyo adecuadas, estarás mejor preparado para avanzar hacia tus metas y experimentar un sentido constante de logro en tu viaje hacia la transformación personal y el éxito en todas las áreas de tu vida.

Capítulo 5

Investiga y Aprende el Conocimiento Necesario

En el proceso de cambio y búsqueda de metas, el capítulo 5 se enfoca en la fase de investigación y aprendizaje. Este paso es esencial para adquirir el conocimiento y la información necesarios que te permitirán alcanzar tus objetivos de manera efectiva. A lo largo de este capítulo, exploraremos por qué la investigación y el aprendizaje son fundamentales, cómo llevar a cabo investigaciones efectivas y cómo aplicar esta práctica en diversas áreas de la vida.

5.1. Importancia de la Investigación y el Aprendizaje

La investigación y el aprendizaje desempeñan un papel vital en el proceso de cambio y logro de metas. Aquí hay algunas razones clave por las que son fundamentales:

Información Relevante: La investigación te proporciona información relevante y actualizada sobre el tema relacionado con tus metas. Este conocimiento es esencial para tomar decisiones informadas.

Mejor toma de decisiones: Al conocer más sobre tu objetivo y las opciones disponibles, puedes tomar decisiones más acertadas y estratégicas.

Reducción de la Incertidumbre: La investigación disminuye la incertidumbre y la ansiedad que a menudo acompañan al cambio. Te sientes más seguro cuando tienes información sólida.

Optimización de Recursos: El conocimiento adecuado te permite utilizar tus recursos, como tiempo y esfuerzo, de manera más eficiente. Evitas errores costosos y acciones innecesarias.

Adaptación al Cambio: En un mundo en constante evolución, el aprendizaje continuo es esencial para adaptarse a nuevos desafíos y oportunidades.

5.2. Cómo Realizar Investigaciones Efectivas

Llevar a cabo investigaciones efectivas es esencial para adquirir el conocimiento necesario. Aquí hay un proceso paso a paso para realizar investigaciones de manera eficaz:

Paso 1: Define tu Área de Investigación

Comienza por identificar claramente el tema o área que necesitas investigar. Define las preguntas específicas que deseas responder o los aspectos que deseas comprender mejor.

Paso 2: Establece Objetivos de Investigación

Establece objetivos claros para tu investigación. ¿Qué esperas lograr con esta investigación? Estos objetivos te guiarán en el proceso.

Paso 3: Encuentra Fuentes Confiables

Identifica fuentes confiables de información. Esto puede incluir libros, artículos académicos, sitios web de autoridad, expertos en el campo o bases de datos especializadas.

Paso 4: Recopila Información de Manera Sistemática

Recopila información de manera sistemática. Organiza tus hallazgos de manera que sean fáciles de entender y utilizar. Utiliza notas, resúmenes o herramientas de organización.

Paso 5: Evalúa la Credibilidad de las Fuentes

Evalúa la credibilidad de las fuentes. Verifica la experiencia y credenciales de los autores o las organizaciones. Considera la fecha de publicación y busca evidencia de revisión por pares (en el caso de investigaciones académicas).

Paso 6: Cruza la Información

Cruza la información de múltiples fuentes para obtener una imagen más completa y precisa. Compara diferentes perspectivas y opiniones sobre el tema.

Paso 7: Mantén un Espíritu Crítico

Mantén un espíritu crítico durante el proceso de investigación. Cuestiona la información y busca pruebas sólidas. No te conformes con afirmaciones sin respaldo.

Paso 8: Organiza tus Hallazgos

Organiza tus hallazgos de manera clara y coherente. Utiliza esquemas, resúmenes o mapas conceptuales para ayudarte a visualizar y comprender la información.

Paso 9: Aplica lo Aprendido

Aplica el conocimiento que has adquirido a tu situación específica. Considera cómo puedes utilizar esta información para avanzar hacia tus metas o tomar decisiones informadas.

5.3. Aplicación en Diversas Áreas de la Vida

La investigación y el aprendizaje son aplicables a una amplia variedad de áreas de la vida. A continuación, se presentan ejemplos de cómo este proceso puede ser utilizado en diferentes contextos:

Carrera Profesional:

Investigación: Investiga las tendencias de la industria, las oportunidades de desarrollo profesional y las habilidades necesarias para avanzar en tu carrera.

Aprendizaje: Realiza cursos de capacitación, talleres o programas de desarrollo para adquirir las habilidades requeridas.

Salud y Bienestar:

Investigación: Investiga las mejores prácticas para mantener una dieta equilibrada, un plan de ejercicios efectivo o técnicas de manejo del estrés.

Aprendizaje: Participa en clases de cocina saludable, únete a un gimnasio o inscríbete en programas de bienestar mental.

Finanzas Personales:

Investigación: Investiga estrategias de inversión, métodos de ahorro y conceptos financieros.

Aprendizaje: Asiste a seminarios financieros, consulta a un asesor financiero o toma cursos de educación financiera en línea.

Relaciones Personales:

Investigación: Investiga técnicas de comunicación efectiva, resolución de conflictos y construcción de relaciones sólidas.

Aprendizaje: Participa en talleres de habilidades sociales, consulta libros sobre relaciones o busca la orientación de un terapeuta.

Desarrollo Personal:

Investigación: Investiga áreas de interés personal, como la autoestima, la inteligencia emocional o el liderazgo.

Aprendizaje: Lee libros de desarrollo personal, asiste a conferencias motivacionales o busca mentores en tu área de interés.

5.4. Recursos para la Investigación y el Aprendizaje

Para llevar a cabo investigaciones efectivas y aprender de manera continua, puedes aprovechar diversos recursos:

Bibliotecas: Las bibliotecas locales y universitarias ofrecen acceso a una amplia variedad de libros y recursos académicos.

Bases de Datos en Línea: Plataformas como Google Scholar, JSTOR y PubMed ofrecen acceso a investigaciones académicas y artículos científicos.

Cursos en Línea: Plataformas como Coursera, edX y Udemy ofrecen cursos en línea sobre una variedad de temas.

Mentores y Expertos: Busca mentores o expertos en el campo que estás investigando. Su experiencia puede ser invaluable.

Grupos de Estudio: Únete a grupos de estudio, clubes de lectura o comunidades en línea relacionadas con tu interés.

5.5. Conclusión

La investigación y el aprendizaje son pilares fundamentales en el camino hacia el cambio y el logro de metas. Al adquirir el conocimiento necesario, te empoderas para tomar decisiones informadas, enfrentar desafíos y avanzar hacia tus objetivos con confianza. Al seguir un proceso de investigación efectivo, evaluar la credibilidad de las fuentes y aplicar lo que has aprendido a tu situación específica, te posicionas para el éxito en diversas áreas de tu vida, ya sea en tu carrera profesional, tu salud y bienestar, tus finanzas personales, tus relaciones personales o tu desarrollo personal. La investigación y el aprendizaje continuo son herramientas poderosas que te ayudarán a alcanzar tu máximo potencial y a mantener una mentalidad de crecimiento a lo largo de tu vida.

Capítulo 6

Encuentra Apoyo

En el proceso de cambio y búsqueda de metas, éste capítulo se centra en la importancia de encontrar apoyo. En la mayoría de los casos, el camino hacia el cambio y el logro de metas no se recorre solo. Ya sea en forma de amigos, familiares, mentores o comunidades, el apoyo de otras personas desempeña un papel crucial en el éxito. En este capítulo, exploraremos por qué encontrar apoyo es fundamental, cómo identificar fuentes de apoyo y cómo aprovechar este respaldo en diversas áreas de la vida.

6.1. La Importancia del Apoyo

El apoyo desempeña un papel esencial en el proceso de cambio y logro de metas por varias razones:

Motivación y Ánimo: El apoyo de amigos, familiares o mentores puede ser una fuente constante de motivación y ánimo. Cuando te sientes respaldado, es más probable que mantengas el impulso.

Compartir Conocimiento y Experiencia: Las personas que te apoyan pueden compartir su conocimiento y experiencia, lo que te ayuda a tomar decisiones informadas y evitar errores comunes.

Superación de Obstáculos: En el camino hacia tus metas, es probable que enfrentes desafíos. El apoyo puede ayudarte a superar obstáculos, proporcionando soluciones y perspectivas frescas.

Responsabilidad: Cuando compartes tus metas con otros, aumenta tu responsabilidad. Saber que otros están siguiendo tu progreso te impulsa a mantener tus compromisos.

Conexión Social: El apoyo te conecta con otros que comparten intereses similares. Esto puede conducir a relaciones significativas y redes de apoyo a largo plazo.

6.2. Identificación de Fuentes de Apoyo

Encontrar apoyo efectivo comienza con la identificación de fuentes adecuadas. Aquí hay algunas fuentes comunes de apoyo:

Amigos y Familiares: Las personas cercanas a ti, como amigos y familiares, a menudo están dispuestas a apoyarte en tus esfuerzos de cambio.

Mentores: Los mentores son individuos con experiencia y conocimientos en tu área de interés que pueden brindarte orientación y consejos valiosos.

Grupos de Apoyo: Existen grupos de apoyo para una variedad de desafíos y metas, desde dejar de fumar hasta el emprendimiento.

Coaches y Asesores: Los coaches y asesores profesionales pueden ofrecer orientación personalizada y estrategias para alcanzar tus objetivos.

Comunidades en Línea: En la era digital, muchas comunidades en línea están centradas en intereses y objetivos específicos. Puedes encontrar apoyo en foros, grupos de redes sociales y plataformas de discusión.

Organizaciones y Clubes: A menudo, hay organizaciones locales o clubes relacionados con tus intereses que ofrecen oportunidades de apoyo y colaboración.

6.3. Cómo Aprovechar el Apoyo

Una vez que hayas identificado fuentes de apoyo, es importante saber cómo aprovecharlas de manera efectiva:

Comunicación Abierta: Comparte tus metas y desafíos de manera abierta y honesta con tus fuentes de apoyo. Cuanto más comprendan tus objetivos, mejor podrán respaldarte.

Escucha Activa: Presta atención a los consejos y opiniones de tus fuentes de apoyo. La escucha activa te permite aprender de la experiencia de los demás.

Establece Expectativas Claras: Si trabajas con un mentor, coach o asesor, establece expectativas claras sobre lo que esperas de ellos y cómo pueden ayudarte.

Reciprocidad: El apoyo no debe ser unidireccional. También debes estar dispuesto a apoyar a otros en sus esfuerzos cuando sea necesario.

Agradecimiento: Reconoce y agradece a quienes te apoyan. La gratitud fortalece las relaciones y fomenta un ambiente de apoyo continuo.

6.4. Aplicación en Diversas Áreas de la Vida

El apoyo es relevante en una amplia variedad de áreas de la vida. A continuación, se presentan ejemplos de cómo puedes aplicar el apoyo en diferentes contextos:

Carrera Profesional:

Mentores: Busca un mentor en tu campo que pueda ofrecer orientación y consejos para avanzar en tu carrera.

Redes Profesionales: Únete a redes profesionales y grupos de la industria para conectarte con otros en tu campo y aprender de sus experiencias.

Salud y Bienestar:

Amigos de Ejercicio: Encuentra amigos o compañeros de entrenamiento que te motiven a mantener un estilo de vida activo y saludable.

Terapeutas o Consejeros: Si enfrentas desafíos de salud mental, busca el apoyo de un terapeuta o consejero.

Finanzas Personales:

Grupos de Inversión: Únete a grupos de inversión o clubes de inversores para aprender sobre estrategias financieras y tomar decisiones informadas.

Asesores Financieros: Consulta a un asesor financiero para obtener orientación sobre la gestión de tus finanzas personales.

Relaciones Personales:

Grupos de Apoyo para Relaciones: Participa en grupos de apoyo o terapia de pareja para mejorar la comunicación y resolver conflictos.

Consejeros Matrimoniales: Si enfrentas desafíos en tu relación, considera buscar la ayuda de un consejero matrimonial.

Desarrollo Personal:

Grupos de Desarrollo Personal: Únete a grupos o talleres de desarrollo personal donde puedas compartir y aprender con otros.

Coaching Personal: Trabaja con un coach personal que te ayude a establecer y alcanzar tus metas personales.

6.5. Conclusión

Encontrar apoyo es un paso fundamental en el camino hacia el cambio y el logro de metas. Al rodearte de personas que te respalden, puedes aprovechar su motivación, conocimiento y experiencia para avanzar más rápido y con mayor confianza. Ya sea en tu carrera profesional, tu salud y bienestar, tus finanzas personales, tus relaciones personales o tu desarrollo personal, el apoyo juega un papel clave en el éxito. Al identificar fuentes de apoyo, comunicarte de manera efectiva, aprender de otros y contribuir a las relaciones de manera recíproca, estarás mejor preparado para superar desafíos y alcanzar tus objetivos. El apoyo no solo enriquece tu viaje de cambio, sino que también fortalece tus conexiones sociales y tu capacidad para enfrentar los desafíos de la vida con resiliencia y determinación.

Capítulo 7

Elimina Obstáculos

En el proceso de cambio y logro de metas, este capítulo se centra en la eliminación de obstáculos. En tu camino hacia el éxito, es común enfrentar desafíos, barreras y obstáculos que pueden obstaculizar tu progreso. Este capítulo aborda la importancia de identificar y superar obstáculos, cómo hacerlo de manera efectiva y cómo aplicar estas estrategias en diversas áreas de la vida.

7.1. La Importancia de Eliminar Obstáculos

La eliminación de obstáculos es esencial en el proceso de cambio y logro de metas por varias razones:

Despeja el Camino: Los obstáculos pueden obstruir tu camino hacia tus metas. Al eliminarlos, despejas el camino para un progreso más suave y eficiente.

Mantiene la Motivación: Los obstáculos pueden ser desalentadores. Superarlos te brinda un sentido de logro que puede mantener tu motivación alta.

Mejora la Claridad: Al abordar los obstáculos, ganas una comprensión más profunda de los desafíos que enfrentas. Esto te permite tomar decisiones más informadas.

Aumenta la Resiliencia: Superar obstáculos fortalece tu resiliencia y tu capacidad para enfrentar desafíos futuros con confianza.

7.2. Identificación de Obstáculos

El primer paso en la eliminación de obstáculos es identificarlos de manera efectiva. Aquí hay un proceso para hacerlo:

Paso 1: Autoevaluación

Comienza por hacer una autoevaluación honesta. Reflexiona sobre tus metas y los desafíos que has enfrentado hasta ahora. Identifica cualquier patrón o tendencia en los obstáculos que has encontrado.

Paso 2: Identifica Obstáculos Potenciales

Haz una lista de posibles obstáculos que podrían surgir en tu camino hacia tus metas. Esto podría incluir limitaciones personales, obstáculos externos, falta de recursos o barreras psicológicas.

Paso 3: Consulta a Otras Personas

Habla con amigos, familiares, mentores u otros que puedan tener una perspectiva externa. A menudo, las personas cercanas pueden identificar obstáculos que tú no has considerado.

Paso 4: Establece Prioridades

Una vez que hayas identificado una lista de obstáculos potenciales, establece prioridades. Determina cuáles de estos obstáculos son los más urgentes o los que tienen el mayor impacto en tu progreso.

7.3. Estrategias para Eliminar Obstáculos

Una vez que hayas identificado los obstáculos, es importante saber cómo eliminarlos. Aquí hay algunas estrategias efectivas:

Estrategia 1: Planificación y Organización

Desarrolla un plan detallado que aborde cada obstáculo. Esto puede incluir pasos específicos y plazos.

Utiliza herramientas de planificación, como listas de tareas, calendarios o diagramas de flujo, para visualizar tu proceso.

Asigna recursos, como tiempo y esfuerzo, de manera efectiva para superar los obstáculos.

Estrategia 2: Adquisición de Habilidades y Conocimiento

Si la falta de habilidades o conocimiento es un obstáculo, busca oportunidades de aprendizaje y desarrollo.

Considera la posibilidad de tomar cursos, buscar mentores o adquirir experiencia práctica.

Aprovecha las fuentes de información y recursos disponibles para fortalecer tus capacidades.

Estrategia 3: Apoyo y Colaboración

Busca apoyo de amigos, familiares, mentores o colegas que puedan ofrecer orientación y asistencia.

Colabora con otros para abordar obstáculos de manera conjunta. A menudo, el trabajo en equipo puede generar soluciones efectivas.

Estrategia 4: Resolución de Problemas

Aborda los obstáculos como problemas que requieren soluciones. Utiliza el pensamiento lógico y la resolución de problemas para encontrar soluciones viables.

Divide los obstáculos en subproblemas más manejables y aborda cada uno por separado.

Estrategia 5: Adaptación y Flexibilidad

Reconoce que los obstáculos pueden cambiar o evolucionar con el tiempo. Mantén la flexibilidad y la adaptabilidad en tu enfoque.

Si una estrategia no funciona, no dudes en ajustarla o probar enfoques alternativos.

Estrategia 6: Gestión del Tiempo y Priorización

Si la falta de tiempo es un obstáculo, utiliza técnicas de gestión del tiempo para optimizar tu productividad.

Prioriza las tareas y acciones más importantes y asigna tiempo específico para abordar los obstáculos.

7.4. Aplicación en Diversas Áreas de la Vida

La eliminación de obstáculos es aplicable en una variedad de áreas de la vida. A continuación, se presentan ejemplos de cómo puedes aplicar esta estrategia en diferentes contextos:

Carrera Profesional:

Obstáculo: Falta de experiencia para un ascenso.

Estrategia: Tomar cursos de capacitación, buscar proyectos adicionales para ganar experiencia, buscar mentores en el campo.

Salud y Bienestar:

Obstáculo: Falta de motivación para hacer ejercicio regularmente.

Estrategia: Encontrar un compañero de entrenamiento, establecer un horario de ejercicios, inscribirse en clases grupales.

Finanzas Personales:

Obstáculo: Deuda significativa.

Estrategia: Desarrollar un plan de pago, reducir gastos innecesarios, buscar asesoría financiera.

Relaciones Personales:

Obstáculo: Comunicación deficiente en una relación.

Estrategia: Buscar terapia de pareja, aprender habilidades de comunicación, establecer momentos regulares para hablar.

Desarrollo Personal:

Obstáculo: Falta de confianza en uno mismo.

Estrategia: Practicar afirmaciones positivas, buscar apoyo en grupos de desarrollo personal, consultar a un coach de vida.

7.5. Conclusión

La eliminación de obstáculos es un componente esencial del proceso de cambio y logro de metas. Al identificar, abordar y superar obstáculos, te posicionas para avanzar de manera efectiva hacia tus objetivos. Ya sea en tu carrera profesional, tu salud y bienestar, tus finanzas personales, tus relaciones personales o tu desarrollo personal, la capacidad de superar barreras es fundamental para el éxito. Al utilizar estrategias como la planificación, la adquisición de habilidades, el apoyo de otros y la flexibilidad, estarás mejor preparado para superar los desafíos que se presenten en tu camino. La eliminación de obstáculos no solo te acerca a tus metas, sino que también fortalece tu capacidad de enfrentar futuros desafíos con resiliencia y determinación.

Capítulo 8

Mantén un Registro de tu Progreso

En el proceso de cambio y logro de metas, el capítulo 8 se enfoca en la importancia de mantener un registro de tu progreso. Llevar un seguimiento sistemático y cuidadoso de tu avance hacia tus metas es esencial para mantenerte motivado, tomar decisiones informadas y realizar ajustes cuando sea necesario. A lo largo de este capítulo, exploraremos por qué llevar un registro de tu progreso es crucial, cómo hacerlo de manera efectiva y cómo aplicar esta práctica en diversas áreas de la vida.

8.1. La Importancia de Mantener un Registro de tu Progreso

Llevar un registro de tu progreso es fundamental por varias razones:

Motivación Continua: Ver tus logros registrados te brinda un impulso de motivación constante. Puedes observar cuánto has avanzado y sentirte orgulloso de tus éxitos.

Toma de Decisiones Informadas: Un registro de tu progreso te proporciona datos concretos sobre lo que está funcionando y lo que no. Esto te permite tomar decisiones informadas sobre tu enfoque.

Identificación de Patrones: Al mantener registros a lo largo del tiempo, puedes identificar patrones de comportamiento o tendencias que pueden ayudarte a mejorar tu estrategia.

Establecimiento de Metas Realistas: El seguimiento de tu progreso te ayuda a establecer metas realistas y alcanzables, ya que puedes ajustarlas en función de tu rendimiento anterior.

Evaluación del Éxito: Puedes evaluar de manera objetiva si estás avanzando hacia tus metas o si es necesario realizar cambios en tu enfoque.

8.2. Cómo Llevar un Registro de tu Progreso de Manera Efectiva

Llevar un registro de tu progreso no se trata solo de anotar ocasionalmente tus logros. Es un proceso que se puede hacer de manera efectiva mediante los siguientes pasos:

Paso 1: Establece Objetivos Claros y Medibles

Antes de comenzar, asegúrate de tener objetivos claros y medibles. Debes saber exactamente lo que estás tratando de lograr y cómo medirás tu progreso.

Paso 2: Selecciona Métricas Relevantes

Identifica las métricas o indicadores clave que te ayudarán a medir tu progreso. Estas métricas deben estar directamente relacionadas con tus metas.

Paso 3: Elige Herramientas de Seguimiento

Selecciona las herramientas o métodos que utilizarás para llevar un registro de tus métricas. Esto podría incluir hojas de cálculo, aplicaciones de seguimiento, diarios personales o tableros de control.

Paso 4: Establece Frecuencia de Registro

Determina con qué frecuencia registrarás tu progreso. Algunas métricas pueden requerir un seguimiento diario, mientras que otras pueden registrarse semanal o mensualmente.

Paso 5: Mantén un Registro Consistente

Sea constante en el registro de tus métricas. Establece un horario o rutina para hacerlo y síguelo de manera disciplinada.

Paso 6: Analiza y Reflexiona

No se trata solo de registrar datos; también debes analizarlos y reflexionar sobre tu progreso. Pregunta cómo te sientes acerca de tus logros y si estás avanzando hacia tus metas.

Paso 7: Ajusta tu Estrategia

Utiliza la información de tu registro para realizar ajustes en tu estrategia si es necesario. Si notas que ciertas acciones no están produciendo resultados, considera alternativas.

8.3. Aplicación en Diversas Áreas de la Vida

Llevar un registro de tu progreso es aplicable en una amplia variedad de áreas de la vida. A continuación, se presentan ejemplos de cómo esta práctica puede ser utilizada en diferentes contextos:

Carrera Profesional:

Objetivo: Obtener un ascenso.

Métricas de Seguimiento: Número de proyectos completados, retroalimentación positiva de superiores, logros de desarrollo profesional.

Herramientas de Seguimiento: Hojas de cálculo o aplicaciones de seguimiento de metas profesionales.

Salud y Bienestar:

Objetivo: Perder peso.

Métricas de Seguimiento: Peso corporal, medidas corporales, registro de alimentos, registro de ejercicio.

Herramientas de Seguimiento: Aplicaciones de seguimiento de dieta y ejercicio, báscula, diario de alimentos.

Finanzas Personales:

Objetivo: Ahorrar para un viaje.

Métricas de Seguimiento: Ahorros mensuales, gastos reducidos, inversión en fondos de ahorro.

Herramientas de Seguimiento: Hojas de cálculo financieras, aplicaciones de seguimiento de gastos.

Relaciones Personales:

Objetivo: Mejorar la comunicación en la relación de pareja.

Métricas de Seguimiento: Frecuencia de conversaciones significativas, resolución de conflictos de manera constructiva.

Herramientas de Seguimiento: Diario de comunicación, terapia de pareja.

Desarrollo Personal:

Objetivo: Leer más libros.

Métricas de Seguimiento: Número de libros leídos por mes, tiempo dedicado a la lectura.

Herramientas de Seguimiento: Registro de lectura, aplicaciones de seguimiento de lectura.

8.4. Conclusión

Mantener un registro de tu progreso es una herramienta poderosa en el camino hacia el cambio y el logro de metas. Al registrar de manera sistemática tu avance, te empoderas con información valiosa que te permite tomar decisiones informadas, mantener la motivación y realizar ajustes cuando sea necesario. Ya sea en tu carrera profesional, tu salud y bienestar, tus finanzas personales, tus relaciones personales o tu desarrollo personal, la práctica de llevar un registro de tu progreso te ayuda a mantenerte enfocado en tus metas y a evaluar tu éxito de manera objetiva. A medida que observas tus logros acumulados a lo largo del tiempo, te sientes inspirado para seguir adelante y enfrentar nuevos desafíos con confianza y determinación.

Capítulo 9

Practica la Persistencia

En el proceso de cambio y logro de metas, éste capítulo se enfoca en la importancia de practicar la persistencia. La persistencia es la capacidad de mantener el esfuerzo y la determinación a pesar de los obstáculos y desafíos que puedan surgir en el camino hacia tus metas. A lo largo de este capítulo, exploraremos por qué la persistencia es fundamental, cómo cultivarla y cómo aplicar esta cualidad en diversas áreas de la vida.

9.1. La Importancia de la Persistencia

La persistencia es un factor clave en el proceso de cambio y logro de metas por varias razones:

Superación de Obstáculos: En el camino hacia tus metas, es probable que te enfrentes a obstáculos, rechazos y fracasos. La persistencia te permite superar estos desafíos en lugar de rendirte.

Desarrollo de Resiliencia: La práctica de la persistencia desarrolla tu resiliencia emocional y mental. Aprendes a recuperarte de las adversidades de manera más eficaz.

Mantenimiento de la Motivación: La persistencia mantiene tu motivación a lo largo del tiempo. Te ayuda a seguir adelante incluso cuando la emoción inicial disminuye.

Logro de Metas a Largo Plazo: Muchas metas significativas requieren tiempo y esfuerzo sostenido. La persistencia es esencial para alcanzar metas a largo plazo.

9.2. Cultivo de la Persistencia

La persistencia es una cualidad que se puede cultivar y fortalecer con el tiempo. Aquí hay algunas estrategias para desarrollar y practicar la persistencia:

Estrategia 1: Establece Objetivos Claros

Define metas claras y específicas para saber hacia dónde te diriges. La claridad en tus objetivos te motiva a seguir adelante.

Estrategia 2: Encuentra Motivación Interna

Busca motivación interna en lugar de depender únicamente de factores externos. Conecta tus metas con tus valores y pasiones personales.

Estrategia 3: Visualiza el Éxito

Utiliza la visualización positiva para imaginar tu éxito. Esto refuerza tu creencia en que puedes alcanzar tus metas.

Estrategia 4: Enfrenta el Miedo al Fracaso

Reconoce que el fracaso es una parte natural del proceso. No te dejes paralizar por el miedo al fracaso; en su lugar, aprende de él.

Estrategia 5: Desarrolla la Resiliencia

Cultiva la resiliencia emocional. Aprende a recuperarte de los contratiempos sin perder tu determinación.

Estrategia 6: Divide las Metas en Pasos Pequeños

Divide tus metas en pasos más pequeños y manejables. Esto hace que parezcan menos abrumadoras y más alcanzables.

Estrategia 7: Mantén un Diario de Progreso

Lleva un registro de tus avances y logros a lo largo del tiempo. Esto te recordará cuánto has avanzado.

Estrategia 8: Busca Apoyo y Mentores

Busca el apoyo de amigos, familiares o mentores que puedan brindarte orientación y ánimo cuando lo necesites.

Estrategia 9: Aprende de tus Errores

Ve los errores como oportunidades de aprendizaje. Cada obstáculo superado te acerca un paso más a tus metas.

9.3. Aplicación en Diversas Áreas de la Vida

La persistencia es relevante en una amplia variedad de áreas de la vida. A continuación, se presentan ejemplos de cómo esta cualidad puede ser aplicada en diferentes contextos:

Carrera Profesional:

Objetivo: Avanzar en tu carrera.

Persistencia: Continuar buscando oportunidades de desarrollo profesional, aprender nuevas habilidades, presentar propuestas innovadoras incluso si enfrentas rechazos.

Salud y Bienestar:

Objetivo: Perder peso y mantener un estilo de vida saludable.

Persistencia: Mantener una rutina de ejercicio a pesar de los desafíos, resistir las tentaciones alimenticias poco saludables, seguir adelante a pesar de los días difíciles.

Finanzas Personales:

Objetivo: Ahorrar para la jubilación.

Persistencia: Mantener un plan de ahorro a largo plazo, evitar gastos innecesarios, hacer ajustes en el presupuesto según sea necesario.

Relaciones Personales:

Objetivo: Mejorar una amistad problemática.

Persistencia: Comunicarse de manera abierta y constructiva, buscar soluciones a los conflictos, no rendirse a pesar de los desafíos en la relación.

Desarrollo Personal:

Objetivo: Desarrollar habilidades de liderazgo.

Persistencia: Tomar cursos de liderazgo, buscar oportunidades de liderazgo, aprender de la retroalimentación y mantener el compromiso de crecer como líder.

9.4. Conclusión

La persistencia es una cualidad esencial en el proceso de cambio y logro de metas. Al practicar la persistencia, desarrollas la capacidad de superar obstáculos, mantener la motivación y lograr metas a largo plazo. Ya sea en tu carrera profesional, tu salud y bienestar, tus finanzas personales, tus relaciones personales o tu desarrollo personal, la persistencia te ayuda a mantenerte enfocado en tus objetivos y a no renunciar ante los desafíos. Cultivar la persistencia requiere esfuerzo y práctica, pero los beneficios a largo plazo, como el logro de metas significativas y la mejora de la resiliencia, hacen que valga la pena. La persistencia te capacita para enfrentar los desafíos de la vida con determinación y avanzar hacia un futuro más prometedor.

Capítulo 10

Celebra tus Logros

Este capítulo se centra en la importancia de celebrar tus logros en el proceso de cambio y logro de metas. La celebración no solo es un acto de reconocimiento y gratificación, sino que también desempeña un papel fundamental en la motivación, el refuerzo positivo y la construcción de una mentalidad de éxito. A lo largo de este capítulo, exploraremos por qué es crucial celebrar tus logros, cómo hacerlo de manera significativa y cómo aplicar esta práctica en diversas áreas de la vida.

10.1. La Importancia de Celebrar Tus Logros

La celebración de tus logros es esencial en el proceso de cambio y logro de metas por varias razones:

Refuerzo Positivo: Celebrar tus logros proporciona un refuerzo positivo que refuerza tu comportamiento y te motiva a seguir avanzando hacia tus metas.

Mantenimiento de la Motivación: La celebración mantiene alta tu motivación. Te recuerda por qué estás trabajando tan duro y te da un sentido de logro.

Fortalecimiento de la Autoestima: Reconocer tus éxitos aumenta tu autoestima y confianza en ti mismo. Te hace sentir capaz de enfrentar desafíos futuros.

Creación de Memorias Significativas: Las celebraciones crean recuerdos significativos que pueden ser fuente de inspiración y satisfacción a lo largo del tiempo.

10.2. Cómo Celebrar Tus Logros de Manera Significativa

La celebración de tus logros no se trata solo de un gesto superficial; debe ser significativa y personal. Aquí hay algunas formas de hacerlo de manera efectiva:

Forma 1: Establece Metas Intermedias

Divide tus metas en metas intermedias más pequeñas. Celebra cada logro intermedio antes de avanzar hacia el siguiente.

Forma 2: Reconoce tus Esfuerzos

No solo celebres los resultados finales; reconoce también el esfuerzo y el trabajo duro que has puesto en el proceso.

Forma 3: Encuentra Significado Personal

Haz que tus celebraciones tengan significado personal. ¿Qué significa este logro para ti? Reflexiona sobre ello mientras celebras.

Forma 4: Invita a Otros a Celebrar Contigo

Comparte tus logros con amigos, familiares o colegas cercanos. Celebrar en compañía puede hacer que la experiencia sea aún más especial.

Forma 5: Crea Rituales de Celebración

Desarrolla rituales de celebración que sean únicos para ti. Pueden incluir actividades específicas, como una cena especial, una caminata en la naturaleza o escribir en un diario de gratitud.

Forma 6: Regálate Algo Especial

Considera la posibilidad de darte un regalo o hacer algo especial para ti mismo como recompensa por tus logros.

Forma 7: Reflexiona sobre tus Metas Cumplidas

Tómate un tiempo para reflexionar sobre tus metas cumplidas. Piensa en lo lejos que has llegado y en lo que has aprendido en el camino.

10.3. Aplicación en Diversas Áreas de la Vida

La celebración de tus logros es aplicable en una amplia variedad de áreas de la vida. A continuación, se presentan ejemplos de cómo esta práctica puede ser utilizada en diferentes contextos:

Carrera Profesional:

Logro: Promoción a un puesto de liderazgo.

Celebración Significativa: Cena con el equipo de trabajo para agradecer su apoyo, reflexión sobre el viaje profesional hasta ahora y establecimiento de nuevos objetivos profesionales.

Salud y Bienestar:

Logro: Pérdida de 10 kilos.

Celebración Significativa: Compra de ropa nueva que te queda bien, día de spa para relajarte y reflexionar sobre tu salud y bienestar continuo.

Finanzas Personales:

Logro: Ahorro exitoso para un fondo de emergencia.

Celebración Significativa: Hacer una pequeña inversión en una actividad o pasatiempo que te guste, como un curso o un viaje.

Relaciones Personales:

Logro: Mejora significativa en la comunicación en una relación.

Celebración Significativa: Cena romántica con tu pareja para celebrar los avances en la relación y reafirmar tu compromiso mutuo.

Desarrollo Personal:

Logro: Completar un programa de desarrollo personal.

Celebración Significativa: Realizar una actividad de autocuidado, como un retiro de meditación, para reflexionar sobre tu crecimiento personal.

10.4. Conclusión

La celebración de tus logros es una práctica fundamental en el proceso de cambio y logro de metas. Al reconocer y valorar tus éxitos, refuerzas tu motivación, fortaleces tu autoestima y creas recuerdos significativos en tu camino hacia el éxito. Ya sea en tu carrera profesional, tu salud y bienestar, tus finanzas personales, tus relaciones personales o tu desarrollo personal, la celebración de tus logros te conecta con tu sentido de propósito y te impulsa a seguir avanzando. Cultivar esta práctica requiere atención consciente y una apreciación continua de tus logros, por pequeños que sean. Al hacerlo, no solo celebras tu éxito, sino que también construyes una mentalidad de éxito que te impulsa a alcanzar metas aún mayores en el futuro. La celebración no solo es una recompensa merecida, sino también un recordatorio constante de tu capacidad para lograr lo que te propongas.

Capítulo 11

El enfoque de la Neurolinguistica

La neurolingüística es un campo que se enfoca en la relación entre el lenguaje, el pensamiento y el comportamiento humano. Si deseas aplicar los principios de la neurolingüística para lograr un cambio personal, aquí hay algunos pasos que puedes seguir:

1. Definir un Objetivo Claro:

En la neurolingüística, es fundamental comenzar con un objetivo claro y específico. Define exactamente qué cambio deseas lograr en tu vida. Cuanto más específico sea tu objetivo, más fácil será trabajar hacia él.

2. Visualización y PNL (Programación Neurolingüística):

La programación neurolingüística (PNL) es una herramienta que se utiliza para cambiar patrones de pensamiento y comportamiento. Puedes practicar la visualización utilizando la PNL para imaginar cómo será tu vida una vez que hayas logrado tu objetivo. Esto ayuda a programar tu mente para el éxito.

3. Control del Lenguaje Interno:

Presta atención a tu diálogo interno. La forma en que hablas contigo mismo puede influir en tus acciones y creencias. Utiliza afirmaciones positivas y constructivas para reforzar tu determinación y autoconfianza.

4. Romper Patrones Limitantes:

Identifica patrones de pensamiento o comportamiento que puedan estar limitando tu capacidad para cambiar. La PNL se utiliza para identificar y romper estos patrones, reemplazándolos por pensamientos y acciones más positivos y productivos.

5. Utilizar Anclajes Positivos:

La PNL emplea anclajes como una técnica para asociar estados emocionales positivos con situaciones específicas. Puedes crear anclajes positivos para ayudarte a sentirte motivado y empoderado en momentos en que necesitas tomar medidas hacia tu objetivo.

6. Comunicación Efectiva con Otros:

La neurolingüística también se enfoca en la comunicación efectiva con los demás. Mejorar tus habilidades de comunicación puede facilitar el cambio al influir en cómo interactúas con las personas que te rodean y cómo obtienes apoyo.

7. Feedback y Adaptación Constante:

La PNL enfatiza la importancia del feedback y la adaptación constante. Está dispuesto a recibir retroalimentación de tus acciones y estar dispuesto a ajustar tu enfoque si es necesario para lograr tu objetivo.

8. Mantén un Diario o Registro:

Llevar un diario o registro de tus pensamientos, emociones y progreso puede ser una herramienta valiosa en la neurolingüística. Te ayuda a reflexionar sobre tu viaje de cambio y a identificar patrones que puedes ajustar.

9. Practicar la Automotivación:

La neurolingüística también se enfoca en la automotivación. Aprende a motivarte a ti mismo a través del lenguaje y los pensamientos positivos. Refuerza constantemente tu compromiso con tu objetivo.

10. Persistencia y Flexibilidad:

La neurolingüística reconoce la importancia de la persistencia, pero también la flexibilidad. A veces, el cambio puede requerir ajustes en tu enfoque. Mantén tu determinación, pero sé lo suficientemente flexible como para adaptarte a las circunstancias cambiantes.

La neurolingüística ofrece un enfoque interesante para el cambio personal al destacar la relación entre el lenguaje, el pensamiento y el comportamiento. Al seguir estos pasos y aplicar principios de la neurolingüística, puedes potenciar tu capacidad para lograr un cambio efectivo en tu vida y alcanzar tus objetivos.

Capítulo 12

La Ética Profesional como Principio Fundamental

La ética profesional, la honestidad y el respeto hacia los demás son principios fundamentales que desempeñan un papel crítico en el desarrollo de nuestros proyectos de vida y en el logro de nuestras metas. Estos principios no solo son valiosos desde una perspectiva moral, sino que también son esenciales para construir relaciones exitosas, alcanzar el éxito profesional y personal, y mantener una reputación sólida. A continuación, exploraremos cómo estos principios impactan en el desarrollo de nuestros proyectos de vida y el logro de nuestras metas:

Ética Profesional:

La ética profesional se refiere a un conjunto de valores y normas morales que guían el comportamiento de una persona en su entorno laboral o profesional. Estos valores incluyen la integridad, la responsabilidad, la transparencia y la honestidad en todas las interacciones y decisiones relacionadas con la carrera o profesión. Aquí hay algunas formas en que la ética profesional es fundamental en el desarrollo de proyectos de vida y el logro de metas:

Credibilidad y Confianza: Actuar con ética profesional crea credibilidad y confianza tanto en el ámbito laboral como en la vida personal. Las personas tienden a confiar y respetar a aquellos que actúan con integridad y ética en sus acciones y decisiones.

Relaciones Profesionales Sólidas: La ética profesional es clave para construir y mantener relaciones profesionales sólidas y duraderas. Estas relaciones pueden abrir puertas, generar oportunidades y apoyar el crecimiento profesional.

Imagen y Reputación: Mantener una ética profesional sólida contribuye a una buena imagen y reputación en la industria o profesión. Esto puede ser especialmente importante en la búsqueda de empleo o en el avance de la carrera.

Toma de Decisiones Éticas: En el proceso de alcanzar metas, es común enfrentar decisiones difíciles. La ética profesional te brinda un marco sólido para tomar decisiones éticas que se alineen con tus valores y objetivos.

Honestidad:

La honestidad es un valor fundamental que implica decir la verdad, ser transparente y actuar de manera sincera y veraz. La honestidad es esencial en el desarrollo de proyectos de vida y el logro de metas por las siguientes razones:

Credibilidad y Confianza: Al ser honesto contigo mismo y con los demás, construyes una base de confianza. Las personas tienden a confiar en aquellos que son honestos y transparentes en sus acciones y comunicación.

Autoevaluación Realista: La honestidad contigo mismo te permite una autoevaluación realista de tus habilidades, debilidades y progreso hacia tus metas. Esto te ayuda a identificar áreas en las que puedes mejorar y tomar medidas para hacerlo.

Relaciones Interpersonales: La honestidad es esencial para mantener relaciones interpersonales saludables y sólidas. La comunicación honesta y abierta fomenta la comprensión y la resolución de conflictos de manera efectiva.

Éxito Sostenible: El éxito basado en la honestidad tiende a ser más sostenible a largo plazo. No solo construyes relaciones duraderas, sino que también evitas las consecuencias negativas de la falta de honestidad.

Respeto a los Demás:

El respeto hacia los demás es un principio que implica consideración, cortesía y empatía hacia las personas que te rodean. El respeto mutuo es esencial en el desarrollo de proyectos de vida y el logro de metas por las siguientes razones:

Colaboración y Apoyo: Mostrar respeto hacia los demás fomenta la colaboración y el apoyo mutuo. Cuando respetas a tus colegas, amigos y familiares, es más probable que obtengas su apoyo en la búsqueda de tus objetivos.

Ambiente de Trabajo Positivo: En el entorno laboral, el respeto hacia los compañeros de trabajo y superiores crea un ambiente de trabajo positivo y productivo. Esto puede contribuir al éxito profesional y al logro de metas.

Desarrollo de Relaciones: El respeto mutuo es fundamental para desarrollar y mantener relaciones personales y profesionales saludables. Las relaciones positivas pueden brindar oportunidades, consejos y apoyo en tu camino hacia el éxito.

Imagen Personal: Mostrar respeto hacia los demás también refleja positivamente en tu imagen personal. Las personas que son respetuosas tienden a ser vistas como más atractivas y exitosas.

Consecuencias de no aplicar estos Principios

El Efecto Dominó:

La falta de ética y la deshonestidad pueden generar un efecto dominó en una organización o en una comunidad. Cuando un líder o profesional se involucra en conductas poco éticas, puede establecer un precedente que otros siguen. Esto puede llevar a una cultura organizacional o social que tolera la corrupción y la falta de integridad. A largo plazo, esto puede socavar la cohesión y la efectividad de un grupo o comunidad. Por otro lado, la persona que pretende lograr el éxito, pasando por encima de los demás, tarde o temprano verá como sus proyectos se derrumban como un castillo de naipes.

Pérdida de Confianza:

La falta de honestidad y ética erosiona la confianza que las personas tienen en los líderes y en las instituciones. Cuando los ciudadanos, empleados o clientes descubren que han sido engañados o manipulados, la confianza se debilita. Esta pérdida de confianza puede ser devastadora para la credibilidad de los individuos y organizaciones, lo que puede hacer que sea difícil obtener apoyo o cooperación en el futuro.

Sociedad Dividida:

La falta de integridad puede polarizar a la sociedad. Cuando los líderes políticos, empresariales o comunitarios se involucran en comportamientos deshonestos o poco éticos, puede generar desconfianza y divisiones en la sociedad. Esto puede dificultar la colaboración y la construcción de consensos en temas importantes, lo que lleva a una sociedad más dividida y menos capaz de abordar problemas colectivos.

Pérdida de Credibilidad:

La falta de honestidad y ética puede resultar en una pérdida significativa de credibilidad. Los individuos y organizaciones que son percibidos como poco éticos pueden encontrar dificultades para persuadir o influir en otros. La credibilidad es fundamental en la política, los negocios y cualquier esfuerzo de liderazgo, y su pérdida puede tener un impacto duradero.

Daño a la Reputación:

La falta de integridad puede dañar irreparablemente la reputación de individuos y organizaciones. La mala publicidad generada por acciones deshonestas o poco éticas puede tener un impacto negativo en la percepción pública y en la percepción de la marca. Esto puede afectar la capacidad de una organización para atraer inversiones, clientes o seguidores leales.

Riesgo Legal y Consecuencias:

Las acciones deshonestas y éticamente cuestionables pueden tener consecuencias legales. Las investigaciones y las demandas legales pueden surgir como resultado de la falta de integridad. Esto puede dar lugar a sanciones, multas y, en casos extremos, a procesos judiciales que pueden tener graves implicaciones legales y financieras.

Desgaste de la Ética Organizacional:

En el caso de las entidades, la falta de ética puede erosionar la ética organizacional. Cuando se toleran o promueven comportamientos deshonestos dentro de una organización, puede generar una cultura empresarial tóxica. Esto puede llevar a una alta rotación de empleados, conflictos internos y una disminución del compromiso de los trabajadores.

Impacto en el Desarrollo de la Comunidad:

Cuando los líderes políticos o comunitarios carecen de integridad, esto puede tener un impacto significativo en el desarrollo de la comunidad. La falta de transparencia y honestidad en la toma de decisiones puede llevar a una distribución injusta de recursos y oportunidades, lo que afecta negativamente a los ciudadanos y al progreso general de la comunidad.

En última instancia, la falta de integridad y ética en la conducta de individuos y organizaciones puede resultar en consecuencias perjudiciales tanto para ellos como para las comunidades que representan. Estas consecuencias pueden incluir la pérdida de confianza, división social, daño a la reputación y riesgos legales. Por lo tanto, la promoción de la ética y la integridad en todos los niveles es esencial para el bienestar de las personas y de la sociedad en su conjunto. La falta de honestidad y ética no solo afecta a quienes la practican, sino que también tiene un impacto duradero en la confianza y la cohesión social.

En resumen, la ética profesional, la honestidad y el respeto hacia los demás son principios fundamentales que no solo tienen un valor intrínseco desde una perspectiva moral, sino que también son esenciales en el desarrollo de proyectos de vida y el logro de metas. Actuar con integridad y ética, ser honesto contigo mismo y con los demás, y mostrar respeto hacia quienes te rodean te ayudará a construir relaciones sólidas, a mantener una reputación positiva y a avanzar con éxito hacia tus objetivos personales y profesionales. Estos principios son como cimientos sólidos que sustentan tus esfuerzos y te ayudan a avanzar con integridad y confianza en el camino hacia tus metas.

Epílogo

Hacia un Verdadero Cambio

La introspección, el proyecto de vida, la decisión y un verdadero cambio son elementos fundamentales en la búsqueda de una transformación personal significativa. En este epílogo, reflexionaremos sobre cómo estos aspectos se entrelazan para ayudarnos a alcanzar nuestros objetivos y vivir una vida más plena.

La Introspección:

La introspección es el primer paso hacia el cambio. Implica mirar hacia adentro, explorar nuestras emociones, valores, creencias y experiencias pasadas. A través de la introspección, ganamos claridad sobre quiénes somos, qué nos motiva y cuáles son nuestras verdaderas metas en la vida. Es como encender una linterna en la oscuridad de nuestra mente, iluminando los rincones ocultos de nuestra psicología y proporcionando una base sólida para el cambio.

El Proyecto de Vida:

Una vez que hemos reflexionado y comprendido mejor nosotros mismos, podemos diseñar un proyecto de vida. Este proyecto es como un mapa que nos guía hacia nuestras metas y sueños. Incluye objetivos personales, profesionales, relaciones, salud y más. El proyecto de vida nos ayuda a definir lo que realmente valoramos y deseamos lograr en cada área de nuestra existencia. Es un recordatorio constante de nuestros propósitos y nos proporciona un sentido de dirección.

La Decisión:

Tomar la decisión de cambiar es un paso crucial. A menudo, el miedo al cambio o a lo desconocido nos mantiene atrapados en nuestra zona de confort. Sin embargo, cuando tomamos la decisión firme de avanzar hacia nuestras metas, estamos dando un paso valiente. Esta decisión implica compromiso y determinación para enfrentar los obstáculos que se interponen en nuestro camino. Es un acto de autoafirmación que nos recuerda que somos capaces de lograr lo que nos proponemos.

Un Verdadero Cambio:

Un verdadero cambio va más allá de las resoluciones superficiales. Requiere acción constante y consistente. No se trata solo de cambiar temporalmente nuestros comportamientos, sino de transformar nuestra forma de pensar y ser. Un verdadero cambio implica superar las barreras autoimpuestas, desafiando las creencias limitantes y perseverando a pesar de los contratiempos. Requiere paciencia y autodisciplina, pero los resultados son gratificantes.

En resumen, la introspección nos lleva a la comprensión de nosotros mismos, el proyecto de vida nos guía hacia nuestras metas, la decisión nos impulsa a actuar y un verdadero cambio nos transforma en la persona que deseamos ser. Este viaje no es lineal ni sin desafíos, pero es un camino que puede llevarnos a una vida más plena y significativa. Al abrazar estos elementos y comprometernos con el proceso, nos acercamos cada vez más a nuestra versión más auténtica y realizada. Recuerda que el cambio es posible y que tienes el poder de forjar tu propio camino hacia una vida más satisfactoria y plena.

Agradecimientos

Quiero Agradecer a Dios que me ha permitido hacer tantas cosas y me ha traido hasta aquí. También a mi Familia que es mi motor y mi centro.

Por otro lado, presento mi agradecimiento a todos los lectores que navegaron las páginas de este Libro y a los que vendran a compartir este aprendizaje, que generará verdaderos cambios en ustedes y los que les rodean.

Sobre el Autor

Luciano Angel es un escritor de Cincuenta y tantos años, Tecnólogo en Sistemas informáticos, Profesor de Informática y de Ingles, Técnico en Contabilidad Administrativa, Músico, Cantante y durante varios años comprometido con empresas de Network Marketing, lector y enamorado de las Letras y las Experiencias sanas de la vida, que considera nuestro paso por la tierra, como un aprendizaje, que te transforma, en un psicologo de la vida. Hombre de muchas amistades, católico y partidario de la honestidad y los principios y valores Cristianos. Educado en diferentes Centros de formación de Latino-America y un luchador que piensa, que el ser humano debe convertirse en un solucionador de problemas, ya que cada día la vida te presenta diferentes desafios y te propone nuevos retos y oportunidades.